Günter Pump

Küstenküche

Rhino Westentaschen-Bibliothek
Band 104

Günter Pump

Küstenküche

RHINOVERLAG

Die Rezepte sind, wenn nicht anders angegeben, für vier Personen berechnet. Alle Rezepte und Tipps sind mit Sorgfalt ausgewählt und geprüft, dennoch kann für das gute Gelingen keine Garantie übernommen werden. Eine Haftung des Verlages und seiner Beauftragten für Schäden an Personen, Sach- und Vermögensgegenständen ist ausgeschlossen.

Fotos: Günter Pump, Nordhastedt
Gesammelt und ausprobiert vom
Kochstudio: ppfotodesign Frauke Pump

Impressum

© 2024 RhinoVerlag Dr. Lutz Gebhardt & Söhne GmbH & Co. KG
Am Hang 27, 98693 Ilmenau
Tel.: 03677/46628-0, Fax 03677/46628-80
www.rhinoverlag.de

Titelbild: Speckscholle. Foto: Günter Pump
Gestaltung: Günter Pump

1. Auflage 2024
ISBN: 978-3-95560-104-1

Inhalt

Fleisch- und Gemüsegerichte

Nachspeisen

Die Küstenregion ist bekannt für ihre vielfältige Küche, die von frischem Fisch und Meeresfrüchten bis hin zu deftigen Fleischvariationen reicht. Die Küche an der Küste ist bodenbeständig, oft auch ein Zueinanderdrängen von süß und salzig. Sie verfügt über eine Fülle von köstlichen Gerichten, die von den frischen Zutaten

aus dem Meer und der Nähe zur Küste profitieren. Diese Speisen spiegeln die reiche maritime Tradition wider und bieten den Besuchern ein kulinarisches Erlebnis, das eng mit der Natur und dem Meer verbunden ist.
In diesem Buch werden einige der charakteristischen Küstengerichte vorgestellt.

Rezepte

Heringssalat

400 g Matjeshering, in Stücke geschnitten; 3–4 gekochte, geschälte, kalte Kartoffeln; 2 säuerliche Äpfel, geschält und entkernt; 5–6 eingelegte Rote Bete; 100 g gekochter Schinken, fein geschnitten; 1 Zwiebel, fein gehackt; weißer Pfeffer; 3 EL Rote-Bete-Saft; 150 ml Sahne; 1–2 gekochte Eier; Petersilie.

Matjeshering, Kartoffeln, Äpfel und Rote Bete in kleine Würfel schneiden und mit dem Schinken und der Zwiebel vorsichtig mischen. Den mit weißem Pfeffer gewürzten Rote-Bete-Saft dazugeben. Die Sahne leicht schlagen und daruntermischen.
Den Heringssalat mit Petersilie und gehackten oder in Scheiben geschnittenen Eier garnieren.

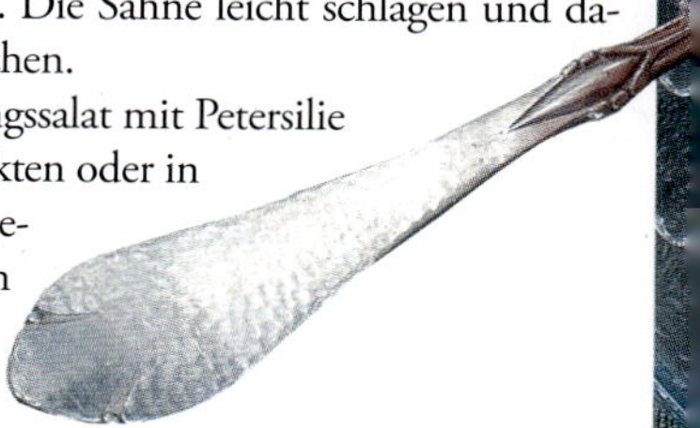

Meeresfrüchtesalat

250 g TK-Meeresfrüchte; 1 Zwiebel; 1 EL Zitronenöl; 50 ml trockener Weißwein; 1 Dose weiße Riesenbohnen; Salz; Pfeffer; Knoblauch; Weißweinessig; 3 Stängel glatte Petersilie.

Die gewürfelten Zwiebeln in einer Pfanne mit Zitronenöl andünsten, Meeresfrüchte dazugeben und mit andünsten.
Mit trockenem Weißwein ablöschen. Die abgetropften Riesenbohnen dazugeben und mit Pfeffer, Salz, etwas Knoblauch und Weißweinessig abschmecken, abkühlen lassen.
Vor dem Servieren mit gehackter Petersilie bestreuen.

Krabbensalat mit Käse

200 g Krabbenfleisch; 1 Ananas; 2 Mandarinen; 100 g Physalis; 1 Mango; 150 g Bonbel Standard; 1 Bund Dill; 100 g Joghurtmayonnaise; 1 EL Tomatenketchup; 1 EL Weinbrand; 2 EL Zitronensaft; Salz; Pfeffer; 4 Salatblätter.

Das Krabbenfleisch waschen und abtropfen lassen. Ananas putzen, schälen, achteln und in Stücke schneiden. Mandarinen schälen und die weiße Haut entfernen. Physalis aus den Blättern zupfen. Mango schälen, den Kern herausnehmen und das Fruchtfleisch in Scheiben schneiden. Dill waschen und hacken.
Joghurtmayonnaise, Zitronensaft, Tomatenketchup und Weinbrand verrühren. Mit Salz und frisch gemahlenem Pfeffer würzen.
Salatblätter und darauf die vorbereiteten Zutaten in vier Gläser füllen.

Die Sauce darüber verteilen.

Wirsingsalat auf Räucherlachs

200 g Wirsing; 200 g Räucherlachs; 50 g Krabbenfleisch; 100 g Crème fraîche; je 1 Prise Cayennepfeffer; Salz; Zucker; 1 EL Zitronensaft; Baguettebrot; ½ Bund Dill.

Den Wirsing in gröbere Streifen schneiden und in leicht gesalzenem Wasser blanchieren. Kalt abschrecken und abtropfen lassen. Die Streifen in mundgerechte Stücke schneiden.
Crème fraîche mit Cayennepfeffer, Salz, Zucker, Zitronensaft und gehacktem Dill verrühren.
Den Räucherlachs auf Tellern verteilen. In der Mitte den geschnittenen Wirsing anrichten und darauf das Krabbenfleisch verteilen. Mit einem Klecks Crème fraîche, gehacktem Dill und Dillzweig garnieren.

Mit warmem gerösteten Baguette servieren.

Fischklößchensuppe

500 g Fischfilet; 6 EL Semmelbrösel; 1 Ei; ½ TL Salz; ½ TL Zitronensaft; 2 EL gehackte, glatte Petersilie; 3 Frühlingszwiebeln; 2 Möhren; 1 EL Butter; 80 g Fischpastete aufgelöst in 1 l Wasser.

Fischfilet unter fließend kaltem Wasser abspülen und mit Küchenpapier trocken tupfen. Danach durch die feine Scheibe des Fleischwolfes drehen. Mit den übrigen Zutaten zu einem Teig verarbeiten.

Für die Klößchen einen Topf mit Salzwasser zum Kochen bringen. Mit einem feuchten Teelöffel Klößchen abstechen. Die Hitze reduzieren und die Klößchen darin 10 Minuten ziehen lassen. Danach die Klößchen aus dem Salzwasser heben und gut abgetropft in die Suppe geben.

Frühlingszwiebeln und die Möhren putzen und in kleine Scheiben schneiden. In der heißen Butter etwa 5 Minuten anschwitzen, dann die aufgelöste Fischpaste zugießen und weitere 5 Minuten kochen lassen.

Krabbensuppe

1 kg Krabben (mit Schale gewogen); 40 g Butter; ½ Fenchelknolle; 1 kleine Gemüsezwiebel; 1 Tomate; 25 g Tomatenmark; 1 l Gemüsebrühe; 1 Lorbeerblatt; 10 Pfefferkörner; 50 g Butter; 50 g Mehl; 100 ml Sahne; Salz; Pfeffer; Petersilie.

Die frischen Krabben pulen (Schalen aufheben). Für den Fond den Fenchel, die Zwiebel und Tomate grob verkleinern. Zusammen mit den Krabbenschalen und Tomatenmark in einem Topf mit 40 g Butter anschwitzen, mit Gemüsebrühe auffüllen, alle Gewürze dazugeben und etwa 45 Minuten köcheln lassen. Den Fond durch ein feines Sieb seihen.

Für die Mehlschwitze die Butter leicht anbräunen, das Mehl hinzufügen und den heißen Fond nach und nach einrühren. Die süße Sahne hinzufügen und die Suppe mit Salz und Pfeffer abschmecken. Suppe in Teller füllen einige Krabben darauf und in die Mitte einen Klecks geschlagene Sahne geben. Mit Petersilie garnieren.

Fischtopf

1½ l Fleischbrühe; 1 Blumenkohl; 1 kleines Paket tiefgekühlte Bohnen; Salz; 1 Lorbeerblatt; 4 Pfefferkörner; ¼ TL Thymian; 250 g Tomaten; 500 g Rotbarschfilet; 50 g fetter Speck; 2 EL gehackte Petersilie.

Die Fleischbrühe aufkochen, den Blumenkohl putzen, waschen und in Röschen teilen. Die Blumernkohlröschen und die tiefgekühlten Bohnen in die kochende Fleischbrühe geben. Die Brühe salzen, Lorbeerblatt, Pfefferkörner und Thymian zugeben. Das Gemüse bei schwacher Hitze etwa 15 Minuten garen.
Die Tomaten mit kochendem Wasser überbrühen, damit sie sich schälen lassen. Kalt abspülen, schälen und vierteln. Fisch waschen, abtropfen lassen und in mundgerechte Stücke schneiden, Tomaten und Fischstücke in die Suppe geben und bei schwacher Hitze (etwa

160 °C) 20 Minuten darin ziehen lassen. Den Speck in kleine Würfel schneiden, ausbraten und in die Suppe geben.
Abschmecken und evtl. noch würzen. Zum Schluss mit gehackter Petersilie bestreuen.

Als Beilage wird Reis gereicht.

Buttermilchsuppe

1 l Buttermilch; ½ Zimtstange; etwas Zitronenschale; Zucker nach Geschmack; 2 Eigelb.
Für die Klöße: ¼ l Milch; 40 g Grieß; Salz; 3 Eier; 2 gehäufte EL Mehl.

Buttermilch, Zimtstange und Zitronenschale unter ständigem Rühren zum Kochen bringen. Topf vom Herd nehmen.
Klößchen: Die Milch zum Kochen bringen, den Grieß und 1 Prise Salz hineingeben. Erkalten lassen. Dann die Eier und das Mehl darunter geben. Mit einem Löffel Klöße abstechen, in die heiße Buttermilch setzen und gar ziehen lassen.

Danach die Suppe mit Eigelb legieren.

Fliederbeersuppe

500 g Fliederbeeren; 1¼ l Wasser; 50 g Zucker; 1 Apfel; 1 kleines Stück Zitronenschale; 25 g Kartoffelmehl. *Für die Klöße:* ½ l Milch; 1 EL Butter; 3 Eier; 125 g Grieß.

Die Fliederbeeren gründlich waschen, von den Dolden befreit, mit Wasser und Zitronenschale weichkochen und durch ein Sieb passieren.
Den Apfel in Stücke schneiden und in der durchgestrichenen Suppe weichkochen. Das mit 2 EL Wasser verrührte Kartoffelmehl hinzugeben, aufkochen und die Suppe mit Zucker süßen.
Die Milch mit der Butter in einem Topf zum Kochen bringen. Wenn die Milch kocht, wird der Grieß hineingegeben und gerührt, bis sich die Masse vom Topfboden löst. Dann den Topf von der Kochstelle nehmen und die Eier nach und nach einrühren, bis es eine feste Masse

ergibt. Ist die Masse nicht fest genug, noch etwas Grieß hinzugeben. Mit Salz abschmecken. Dann die Klöße abstechen und in Salzwasser gar kochen.
Die Grießklößchen kommen nun in die Suppe.

Kliebensuppe

Für die Klieben: ⅜ l Wasser; 100 g Mehl; 2 kleine Eier; je 1 Prise Salz und Zucker. *Für die Suppe:* 1 l Milch; Schale einer ½ Zitrone; je 1 Prise Salz und Zucker.

Aus Wasser, Mehl, Eiern, Salz und Zucker einen Teig herstellen. Zugedeckt etwa 20 Minuten ruhen lassen. Milch, Zitronenschale, Salz und Zucker aufkochen. Sobald die Flüssigkeit kocht, den Teig durch ein grobes Sieb in die Suppe laufen lassen. Bei kleiner Hitze weiterkochen, bis die Klieben oben schwimmen. Ab und zu umrühren, damit sie nicht aneinander kleben.

Die Zitronenschale herausnehmen. Heiß servieren.

Nach Geschmack einen Klecks Butter in der Suppe schmelzen lassen.

Möhreneintopf

1 kg geräucherter, durchwachsener Speck; 1 kg Möhren; 1 kg Kartoffeln; 1–2 Stangen Porree; ¼ l Sahne oder Milch; Petersilie.

750 g Speck halb gar kochen, dann Möhren und Kartoffeln schälen und würfeln und etwas später zugeben. Den restlichen Speck in Würfel schneiden und den sehr fein geschnittenen Porree darin dünsten. Die inzwischen gegarten Möhren und Kartoffeln abgießen, den Speck herausnehmen, das Übrige stampfen. Den gewürfelten Speck im gedünsteten Porree und die heiße Sahne oder Milch dazugeben. Alles gut durcharbeiten, schlagen und abschmecken.
Speck-Scheiben auf dem Möhrengemüse anrichten, mit Petersilie bestreut servieren.

Labskaus

600 g Pökelrindfleisch; 4–7 Zwiebeln; 100 g Schweineschmalz oder Butterschmalz; 1,2 kg gekochte Kartoffeln; weißer Pfeffer; Muskat.
Dazu:
4 Rollmöpse; 4 Gewürzgurken; 500 g eingelegte Rote Bete; 4 Eier.

Das Fleisch mit 2 Zwiebeln in wenig Wasser garen, dann herausnehmen. Die restlichen, fein gehackten Zwiebeln im Schmalz glasig dünsten. Das Fleisch durch den Fleischwolf drehen. Die gepellten Kartoffeln stampfen. Dann die Fleischmasse, den Kartoffelbrei und die goldgelben Zwiebelstückchen vermischen, mit dem Fleischsud glattrühren und mit Pfeffer und Muskat abschmecken.
In Portionen aufteilen und jede Portion mit einem Spiegelei krönen.

Mit Rollmops, Scheiben von eingelegter Rote Bete und Gewürzgurken servieren.

Schnüsch (Gemüseallerlei)

1 kg Erbsenschoten; 200 g große Bohnen; 200 g grüne Bohnen; 200 g Möhren; 200 g Kartoffeln; Salz; 75 g Butter; ½ l Milch; Petersilie, 4 Scheiben Katenschinken.

Erbsen auspulen, grüne Bohnen putzen und in Stücke brechen. Kartoffeln und Möhren schälen, waschen und in Scheiben schneiden. Das Gemüse in Salzwasser garen, dann die Flüssigkeit abgießen. Milch, Butter und gehackte Petersilie aufkochen. Das Gemüse in die Milch geben.

Mit gehackter Petersilie bestreut servieren und den Katenschinken dazu reichen.

Räucheraal auf Kräuterrührei

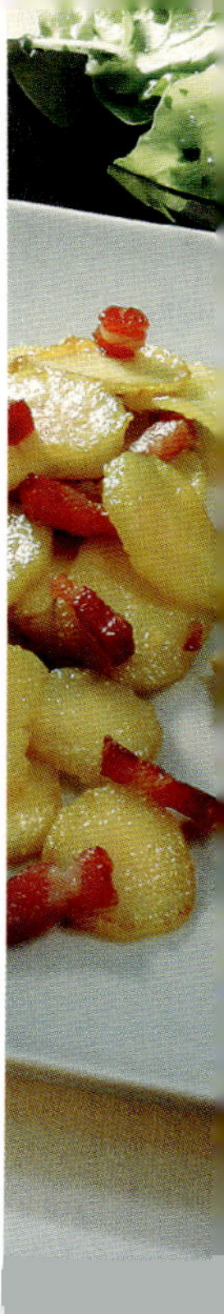

2 Räucheraale (je etwa 250 g); Pfeffer; 8 Eier; etwas Milch; Salz; 2 EL Butter; 2 EL gehackte Kräuter.

Die Aale häuten, filetieren und in etwa 8 cm lange Stücke schneiden. Mit Pfeffer würzen.
Eier mit Milch und den Kräutern gut verquirlen, salzen und in die in der Pfanne erhitzte Butter geben. Bei schwacher Hitze stocken lassen, dabei leicht mit dem Holzlöffel umrühren, damit die Eimasse gleichmäßig gerinnt.

Auf das Rührei die Aalfilets legen und zu Bratkartoffeln und grünem Salat servieren.

Forelle und Krabben

4 Scheiben Toast; 20 g Butter; 4 Salatblätter; 4 halbe Räucherforellenfilets; 100 g Mayonnaise; 2 EL Joghurt; Salz; Pfeffer; 125 g Krabbenfleisch; 2 gekochte Eier, Radieschen; Petersilie.

Die Weißbrotscheiben toasten, mit Butter bestreichen und mit einem Salatblatt belegen. Darauf jeweils ein Forellenfilet geben.
Die Mayonnaise mit dem Joghurt verühren, mit Petersilie, Salz und Pfeffer würzen und über die Forellenfilets streichen. Auf die Sauce das Krabbenfleisch geben. Mit in Scheiben geschnittenem Ei und Radieschenrosen garnieren.

Tatar von Matjes

120 g Sauerkraut; 1 Schalotte; 4 mittelgroße rohe Kartoffeln; 1 Ei; Salz; Paprika (gemahlen); schwarzer Pfeffer; 10 g Butterschmalz; 4 Matjesfilets; ½ säuerlicher Apfel; 1 kleine Gewürzgurke; 1 Schalotte; etwas gehackter Dill; Pfeffer; 4 kleine gebratene Eier; Zwiebelringe; Salatblättchen; Apfelscheiben; Dillspitzen und Salatblättchen zur Garnitur.

Sauerkraut, etwas klein geschnitten und ausgedrückt, mit den geriebenen Kartoffeln mischen, Ei, gehackte Schalotte, Salz, Paprika und Pfeffer zugeben. Butterschmalz in die Pfanne geben, erhitzen und den Sauerkrautkartoffelteig zu goldgelben Puffern braten.

Matjes, Apfel und Gewürzgurke klein schneiden, mit gehackter Schalotte, Dill und Pfeffer abschmecken.

Matjes auf den Sauerkrautplinsen anrichten, gebratenes Ei auf das Tatar setzen und garnieren.

Bücklinge nach Poeler Art

4 Bücklinge; 4 Eier; 1 mittelgroße Zwiebel; ½ Bund Petersilie; 1 Bund Dill; 1 Bund Schnittlauch; 2 EL Essig; Salz; weißer Pfeffer, etwas Zucker; 3 EL Öl; ½ EL Tomatenketchup; 2 EL Schmand; 2 EL süße Sahne; kleine Tomaten.

Die Bücklinge filetieren. Die Eier hart kochen, pellen, abkühlen lassen, in Scheiben schneiden. Die geschälte Zwiebel fein würfeln. Kräuter waschen und hacken, einige Zweige für die Garnierung zurücklassen. Essig mit Salz und Pfeffer verrühren. Öl, Tomatenketchup, Schmand und die Sahne nach und nach zugeben. Bücklingsfilets und die gehackten Kräuter zugeben. Bücklingsfilets mit den Eischeiben auf Tellern anrichten, die Sauce darübergießen, etwas durchziehen lassen. Vor dem Servieren mit Kräutern und Tomatenhälften garnieren.

Pfeffermakrelen auf Vollkornbrot

8 Blätter Römersalat; 1 Glas Mixed-Pickels; 200 g Pfeffermakrelenfilets; 2 EL Weißweinessig; 1 EL Olivenöl; Salz; Pfeffer; 4 Scheiben Vollkornbrot; Butter zum Bestreichen; 2 EL Öl; 4 Eier; ½ Bund Schnittlauch.

Salatblätter waschen und trockentupfen. Mixed-Pickels abtropfen lassen und in grobe Stücke schneiden. Pfeffermakrelen häuten, vom Fett befreien und in mundgerechte Stücke zupfen. Makrelenfleisch und Mixed-Pickels mit Weißweinessig und Olivenöl mischen und mit Salz und Pfeffer abschmecken.

Vollkornbrot mit Butter bestreichen, mit Salatblättern belegen und die Fischmischung darauf verteilen.

Öl in einer Pfanne erhitzen. Eier hineingleiten lassen und bei mittlerer Hitze 3–5 Minuten braten.

Schnittlauch in Röllchen schneiden. Spiegeleier mit Salz und Pfeffer würzen, mit Schnittlauchröllchen bestreuen und zu den Broten servieren.

Bismarckhering

750 g Kartoffeln; 8 Bismarckheringe; 2 mittelgroße Äpfel; 2 Gewürzgurken; 1 Becher Sahne; 2–3 EL Apfelsaft; Salz; Pfeffer; Zucker; Salat.

Kartoffeln werden als Pellkartoffeln gekocht. Einen Apfel schälen, entkernen und mit den Gewürzgurken in feine Würfel schneiden. Schmand und Apfelsaft verrühren, Apfel- und Gurkenstückchen dazugeben. Sahne im hohen Topf steif schlagen und unter den Apfelschmand ziehen. Die Mischung mit Salz, Pfeffer und einer Prise Salz abschmecken.

Die Heringsfilets auf Tellern anrichten. Mit Pellkartoffeln und Sahne servieren.

Mit Apfelschnitten und Salat garnieren.

Hornhecht sauer eingelegt

2,5 kg Hornhecht; 1 l Essig; 1 l Wasser; 250 g Zucker; knapp 1 EL Salz; 2 Zwiebeln; 1 Lorbeerblatt; einige Pfefferkörner; 10 Blatt Gelatine; 1 Bund Suppengrün.

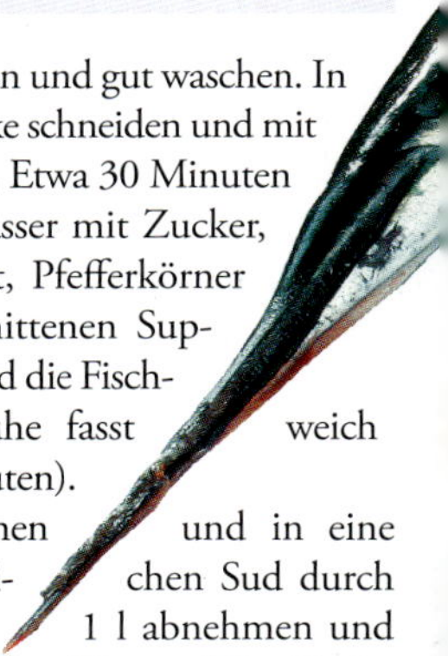

Hornhechte ausnehmen und gut waschen. In etwa 10 cm lange Stücke schneiden und mit Salz und Essig würzen. Etwa 30 Minuten stehen lassen. Essigwasser mit Zucker, Zwiebeln, Lobeerblatt, Pfefferkörner und dem kleingeschnittenen Suppengrün aufkochen und die Fischstücke in dieser Brühe fasst weich kochen (etwa 10 Minuten).

Den Fisch herausnehmen und in eine Form legen. Den restlichen Sud durch ein Sieb gießen. Etwa 1 l abnehmen und die Gelatine darin auflösen. Die Fische mit dem klein geschnittenen Suppengrün garnieren und die Brühe mit der Gelatine darübergeben. 1–2 Tage kühl stellen.

Pannfisch

800 g Fischfilets von weißem Fisch; Mehl; 1 kg festkochende Kartoffeln; 100 g Schinkenspeck; 2 Zwiebeln; 2 EL Butterschmalz; 100 g Butter; 2 EL Mehl; ½ l Milch; 3 TL scharfer Senf; etwas Sahne; 2 TL Paprikapulver; Salz; Pfeffer.

Kartoffeln kochen, abkühlen lassen, pellen und in Scheiben schneiden. Schinkenwürfel in eine heiße Pfanne geben und anbraten. Butterschmalz und die Kartoffelscheiben zugeben. Knusprig braten, die gehackten Zwiebeln und das Paprikapulver zugeben. Mit Salz und Pfeffer abschmecken.

Fischfilets in mundgerechte Stücke schneiden und in Mehl wälzen. 50 g Butter in einer zweiten Pfanne erhitzen und die Fischstücke darin braten. Den Senf mit etwas Milch glatt rühren. Die rest-

liche Butter in einem kleinen Topf erhitzen, 2 EL Mehl dazugeben und glatt rühren. Mit der restlichen Milch aufgießen, den Senf einrühren und aufkochen lassen. Mit Sahne und Salz abschmecken.

Bratkartoffeln auf Tellern verteilen, die knusprigen Fischstücke dazu und mit der Senfsauce servieren.

Seemannstopf

500–600 g Rindfleisch (Oberschale), in dünne Scheiben geschnitten; 3 EL Butter; 2 TL Salz; weißer Pfeffer, gemahlen; 3–4 Zwiebeln, geschält und in Ringe geschnitten; 8–10 Kartof-feln, geschält und in Scheiben geschnitten; 1 Fleischbouillonwürfel; ½ l dunkles Bier; Petersilie, gehackt; 4 Gewürzgurken; 500 g Rote Bete.

Fleisch mit der Hälfte der Butter auf beiden Seiten anbraten. Mit Salz und Pfeffer würzen. Zwiebeln mit dem Rest der Butter anbräunen. Fleisch, Zwiebeln und Kartoffeln so in eine Gusseisen-Kasserolle schichten, dass zuerst und zuoberst Kartoffeln sind. Ein wenig Wasser in die Bratpfanne geben und die Sauce in die Kasserolle gießen. Bouillonwürfel darüber zerkrümmeln, Bier dazugeben. Zugedeckt bei schwacher Hitze etwa 30 Minuten kochen lassen. Petersilie darüberstreuen. Mit Gewürzgurke und eingelegter Roter Bete servieren.

Speckscholle

4 küchenfertige Schollen; 2 EL Zitronensaft; 200 g geräucherter durchwachsener Speck; 50 g Butter; 2 Zwiebeln; Salz; 2 EL Mehl; 8 Zitronenscheiben; 4 Stängel Petersilie.

Die Schollen waschen, trockentupfen, mit Zitronensaft beträufeln. Zwiebeln würfeln. Speck in Stifte schneiden. Den Speck in der Butter langsam knusprig braten. Zwiebelwürfel mit andünsten. Beides aus dem Speckfett nehmen. Schollen trocken tupfen, mit Salz würzen und in Mehl wenden. Im Speckfett von jeder Seite 3–4 Minuten braten. Mit dem Speck auf Tellern anrichten und mit Zitronenscheiben und Petersilie garnieren.

Mit Kartoffeln servieren.

HENRI LAROCHE

Frischer Dorsch

600–700 g fangfrischer Dorsch, in 2 cm dicke Scheiben geschnitten;
1 l Wasser; 3 EL Salz.
Salzkartoffeln; Butter; Meerrettich.

Dieses Gericht muss ganz frisch gekocht serviert werden. Deshalb Kartoffeln, zerlassene Butter und geriebenen Meerrettich vorbereiten.

Die Dorschscheiben kurz in fließendem, kaltem Wasser abspülen. Wasser und Salz in einem Kochtopf aufkochen, den Fisch hineinlegen und 5–6 Minuten kochen lassen. Den Fisch sofort mit einem Schaumlöffel herausnehmen und mit den Zutaten servieren.

Dazu wird Reis serviert.

Kabeljau auf Kräuter-Sahne-Sauce

4 Kabeljaufilets (je ca. 250 g); Saft von ½ Zitrone; 1 Möhre; 1 Zwiebel; 1 Stange Porree; 1 EL Öl; 350 g Sahne; 2 EL Schmand; gemischte Kräuter; Salz; Pfeffer; Zucker.

Die Fischfilets kalt abspülen und trocken tupfen. Mit Zitronensaft beträufeln und etwa 10 Minuten ziehen lassen.

Den Backofen auf 180 °C vorheizen.

Die Möhre schälen und in feine Stifte schneiden. Die Zwiebel schälen, den Porree putzen und waschen, beides in feine Ringe schneiden. Das Öl erhitzen und das Gemüse darin braten, bis die Flüssigkeit verdampft ist. Dann das Gemüse in eine ofenfeste Form füllen und etwas abkühlen lassen.

Die Sahne mit dem Schmand und den verschie-

denen Kräutern mischen. Mit Salz, Pfeffer und Zucker abschmecken.
Die Filets auf beiden Seiten salzen und pfeffern, auf das Gemüse legen und mit der Kräutersahne übergießen. Im heißen Backofen etwa 25 Minuten garen.
Mit gehackten Kräutern garnieren.

Als Beilage gibt es Petersilienkartoffeln.

Gebratener grüner Hering mit Bratkartoffeln

8 grüne Heringe; Zitronensaft; Salz; Pfeffer aus der Mühle; Mehl zum Wenden; Öl zum Braten.
8 festkochende Kartoffeln; 1 Zwiebel; 100 g Speckwürfel; Öl; 1 EL Butter; Salz; Pfeffer.

Die Heringe waschen, putzen, die Mittelgräte herauslösen. Heringe mit Zitronensaft, Salz und Pfeffer würzen, wieder zusammenklappen, dann in Mehl wenden, überschüssiges Mehl abschütteln. Öl in einer Pfanne heiß werden lassen. Dann die Heringe von beiden Seiten bei nicht so großer Hitze goldbraun braten.
Kartoffeln mit Schale im Salzwasser kochen, abgießen, mit kaltem Wasser abkühlen. Pellen und

in Scheiben schneiden. Zwiebeln abziehen, halbieren und in kleine Würfel schneiden.
Etwas Öl in einer Pfanne erhitzen und die Kartoffelscheiben darin anbraten. Speck zugeben und weitere 5 Minuten braten. Zwiebeln zugeben und glasig werden lassen. Butter zugeben und die Bratkartoffeln mit Salz und Pfeffer abschmecken.

Dorschfilet auf Senfsauce

500 g Dorsch; Salz; Pfeffer; Speiseöl.
125 g Butter; 125 g mittelscharfer Senf; ⅛ l Milch; ⅛ l Brühe; 1 EL Zucker; Zitrone; Petersilie.

Die Filets salzen und pfeffern. In 5 EL erhitztem Speiseöl von jeder Seite 4–5 Minuten bei mittlerer Hitze braten.
Für die Sauce Butter, Senf, Brühe und Zucker zusammen erhitzen und verrühren.
Nach dem Aufkochen in einer Sauciere anrichten und getrennt zum Dorsch servieren.

Mit Salzkartoffeln, Zitronenspalte und Petersilie anrichten.

Matjes und grüne Bohnen

8 Matjesfilets; 1 große Zwiebel; 1 kg grüne Bohnen; Salz; Bohnenkraut; 200 g durchwachsenen Speck.

Die Matjesfilets je nach Geschmack wässern. Die Zwiebel pellen, in Scheiben schneiden und die Ringe auf den Matjesfilets verteilen. Kühl stellen.

Die Bohnen putzen. Reichlich Salzwasser kochen, die Bohnen darin einmal aufwallen lassen, herausheben und kalt abspülen. Mit neuem Wasser zum Kochen bringen. Salz und Bohnenkraut dazugeben. Bei mittlerer Hitze 10–20 Minuten garen. Abgießen.

In der Zwischenzeit den Speck fein würfeln und in einer Pfanne ausbraten. Kurz vor dem Servieren über die abgetropften Bohnen gießen.

Zu Matjes und grünen Bohnen serviert man Pellkartoffeln.

Makrelen auf Gemüse

500 g Möhren; 250 g Kohlrabi; 500 g Kartoffeln; 30 g Butter; 1 Zwiebel; Salz; Pfeffer; Muskatnuss; 1 Fleischbrühwürfel; 4 Makrelen; Zitronensaft; Petersilie.

Die Möhren, Kohlrabi und Kartoffeln schälen, waschen und in Würfel schneiden. Die Butter in einer feuerfesten Form schmelzen. Zwiebelwürfel darin goldgelb dünsten. Das Gemüse zugeben. Mit Salz, Pfeffer, geriebener Muskatnuss und dem zerdrückten Fleischbrühwürfel würzen. So viel heißes Wasser zugießen, bis das Gemüse gerade bedeckt ist. Alles in den heißen Backofen schieben und zugedeckt bei Mittelhitze (ca. 150–170 °C) garen lassen.
In der Zwischenzeit die Makrelen säubern, mit Zitronensaft säuern, salzen. Die Makrelen auf das Gemüse legen, mit etwas Gemüsebrühe begießen und noch 15 Minuten im Ofen weitergaren. Vor dem Servieren alles mit gehackter Petersilie bestreuen.

Miesmuschel in Curry-Sahne

3 kg Miesmuscheln; 400 g Sahne; 1 EL eingelegte grüne Pfefferkörner; 1 EL Madras-Curry; 125 g Zwiebeln; 40 g Butter, ¼ l trockener Weißwein; Schnittlauch.

In einem Topf die Sahne mit dem grob gehackten Pfeffer einkochen lassen. Currypulver einrühren. Die Zwiebel abziehen, klein würfeln. In heißer Butter andünsten. Mit dem Wein ablöschen. Die gewaschenen Miesmuscheln zufügen und im geschlossenen Topf garen, bis sich die Schalen geöffnet haben. Die Muscheln mit einer Schaumkelle in eine große, vorgewärmte Schüssel umfüllen. Die nicht geöffneten Muscheln entfernen.

Die Curry-Sahne mit dem Sud mischen, nochmals kurz erhitzen. Die Curry-Sahne-Sud-Mischung auf Teller füllen und die Miesmuscheln dazugeben.

Mit Schnittlauchröllchen garnieren.

Lammkoteletts

500 g Kartoffeln; 500 g Möhren; ca. 500 g Porree; ½ Zwiebel; 1 Lorbeerblatt; ½ l Gemüsebrühe; 4 doppelte Lammkoteletts; 2 EL Öl; Salz; Pfeffer; 1 Glas Lammfond (400 g); 1 Knoblauchzehe; 1 Rosmarinzweig; 2–3 TL Saucenbinder; 1 Bund glatte Petersilie.

Kartoffeln schälen und in kleine Würfel schneiden. Möhren und Porree in Stücke schneiden. Halbierte Zwiebel mit dem Lorbeerblatt in der Gemüsebrühe aufkochen. Die Kartoffel- und Gemüsewürfel hineingeben und etwa 10 Minuten bei kleiner Hitze kochen. Inzwischen den Fettrand der Koteletts mehrmals einschneiden. Fleisch in einer Pfanne im heißen Öl von jeder Seite etwa 4 Minuten braten. Salzen, pfeffern und in Alufolie verpackt warm stel-

len. Lammfond, die abgezogene, halbierte Knoblauchzehe und den Rosmarinzweig ins restliche Bratfett geben und bei großer Hitze auf die Hälfte einkochen. Evtl. mit Salz und Pfeffer nachwürzen und mit Saucenbinder andicken. Sauce durch ein Sieb geben. Petersilie fein hacken und unter das Gemüse geben.
Lammkoteletts mit Sauce und Bouillongemüse anrichten.

Gekräutertes Lammfilet mit Ratatouille

4 Lammfilets; Salz; Pfeffer.
8 EL Olivenöl; 2 EL Zitronensaft; 2 TL Rosmarinnadeln; 4 Salbeiblättlein; ½ Bund glatte Petersilie; etwa 10 Minzblättchen; 2 Knoblauchzehen; Pfeffer; Salz.
1 Stange Porree; 300 g Zucchini; je 1 rote, grüne und gelbe Paprikaschote; 1 große Zwiebel; 2 Knoblauchzehen; 4 EL Öl; Salz; Pfeffer; 2 TL getrocknete Kräuter der Provence; ¼ l Gemüsebrühe.

Für die Sauce die Kräuter und Knoblauchzehen fein hacken, mit Öl, Zitronensaft, Pfeffer und Salz verrühren.
Das Gemüse putzen, waschen und in große Stücke schneiden. Die Knoblauchzehe zerdrücken und in Öl glasig dünsten. Gemüse dazu-

geben, würzen und mit Brühe angießen. Bissfest garen.
Das Lammfilet in heißem Öl 3–4 Minuten braten. Beim Anrichten schräg in drei Teile schneiden und mit der Kräutersauce überziehen.

Dazu schmecken Kroketten.

Entenbrust mit Mango-Sanddorn-Chutney

1 Mango; 15 g Ingwer; 100 g Sanddorn-Beeren; 1 kleine Chilischote; 4 EL Vollrohrzucker; 5 EL Weißweinessig; Salz; Pfeffer; 50 g Rauke; 1 kleiner Friséesalat; 1 Bund Radieschen; 1 EL Olivenöl; 2 TL Zitronensaft; 2 EL Balsamico-Essig; 1 TL Zucker; 600 g Entenbrust.

Mango und Ingwer schälen, Mangostein herauslösen und Mango in Würfel schneiden, Ingwer klein hacken, Sanddorn waschen und abtropfen lassen. Chili waschen, entkernen und klein hacken. Alles mit Zucker, Essig und 4 EL Wasser in einem Topf aufkochen und etwa 15 Minuten bei mittlerer Hitze aufkochen lassen. Würzen. Rauke waschen, trocken schütteln und die Stielenden abschneiden. Friséesalat waschen, zupfen und trocken schütteln. Radieschen putzen, waschen und in dünne Scheiben schneiden. Öl, Zi-

tronensaft, Zucker und Essig mischen. Würzen. Zum Salat geben.
Entenbrust waschen, trocken tupfen und die Fettschicht mit einem Messer kreuzweise einschneiden. Würzen. Eine Pfanne ohne Fett erhitzen. Entenbrust von beiden Seiten (mit der Fettseite zuerst) kross anbraten und mit Deckel etwa 10 Minuten garen lassen.
Entenbrust in Scheiben schneiden und mit dem Chutney und Salat servieren.

Kohlroulade

I Kopf Weißkohl; 125 g durchwachsener Speck; 2 Tomaten.
Füllung: 500 g Hackfleisch; I Brötchen (im warmen Wasser einweichen, ausdrücken); I kleingewürfelte Zwiebel; I Ei; Salz; Pfeffer;
alles mischen.

Die blanchierten Weißkohlblätter vorsichtig vom Kohlkopf lösen und die dicke Blattrippe flachschneiden. Blätter ausbreiten, 2 EL gemischte Fleischfüllung daraufgegeben und zusammenrollen. Mit Küchengarn fixieren.
In einer Pfanne Speck auslassen, die Roulade hineinlegen und von allen Seiten leicht bräunen. Nach und nach Wasser oder Brühe angießen, geschnittene Tomaten hinzufügen, zugedeckt auf dem Herd oder im Backofen etwa 20 Minuten schmoren.
Die Sauce nach Belieben mit angerührtem Mehl und etwas Sahne binden.
Dazu schmecken Petersilienkartoffeln.

Blumenkohl auf Deichlammschinken

2 kleine Blumenkohlköpfe; Salz; 4 EL Nussöl; 4 EL Apfelessig; 1 TL Bienenhonig; 2 EL gehackte Nüsse; bunter Pfeffer; ca. 400 g Deichlammschinken; Kapuzinerkresseblüten zum Garnieren.

Blumenkohl im Salzwasser etwa 10 Minuten kochen. Nussöl, Apfelessig und Bienen-honig mit ¼ l Kochwasser verrühren, den heißen Blumenkohl hineinlegen und unter Wenden lauwarm abkühlen lassen. Den Blumenkohl halbieren und rundum mit gerösteten Nüssen und buntem Pfeffer aus der Mühle bestreuen. Den Blumenkohl auf dem Deichlammschinken anrichten, mit Kapuzinerkresseblüten garnieren.

Grünkohl

2 kg Grünkohl; Salz; 200 g Zwiebeln; 100 g Schweineschmalz; 400 g Schweinebacke; 600 g Kasseler mit Knochen; 4 Kochwürste; Salz; 800 g sehr kleine Kartoffeln; Butterschmalz zum Braten; 2 EL Zucker.

Den Grünkohl mehrmals gut waschen, abtropfen lassen, von den Stielen streifen und in reichlich Salzwasser blanchieren. Abgetropft klein hacken.

Die Zwiebeln pellen, würfeln und in Schweineschmalz glasig dünsten, den Grünkohl darin wenden, salzen, mit 1 l Wasser begießen und 1–2 Stunden bei milder Hitze zugedeckt schmoren lassen.

Schweinebacke und Kasseler 60 Minuten, Kochwürste etwa 30 Minuten auf dem Kohl mitgaren.

Inzwischen die Kartoffeln kochen, abgießen, pellen und kalt werden lassen.

Butterschmalz in einer großen Pfanne erhitzen, Kartoffeln unter häufigen Rütteln darin rundum goldbraun braten, danach salzen, mit dem Zucker bestreuen und leicht karamellisieren. Fleisch in Scheiben schneiden und mit den Würsten auf dem Kohl anrichten.

Röstkartoffeln dazu servieren.

Queller und junges Gemüse

I Tasse Natur- und Wildreis; I Handvoll Queller (vom Fischhändler); 500 g geputztes junges Gemüse wie gerade am Markt; Salz; Butter nach Bedarf.

Natur- und Wildreis in 2 Tassen Wasser garen, bis die ersten Körner aufplatzen. Während der Reis kocht, das Gemüse klein schneiden und in einer großen Pfanne mit Salz und Pfeffer bissfest dünsten. Den Queller grob zerkleinern, dabei besonders zähe und bräunliche Stängel aussortieren. Im kaltem Wasser waschen, in einem Sieb gut abtropfen lassen. Wenn das Gemüse fast gar ist, den Queller dazugeben und unter Rühren eine Weile mitdünsten. Dabei den Deckel offen lassen, damit das Wasser verdampfen kann.
Zum Schluss den Reis unterrühren und evtl. mit Petersilie oder Schnittlauch bestreuen.
Dazu passt eine leichte Joghurtsauce oder Ziegenfrischkäse.

Steckrüben nach Omas Art

1 kg Steckrübe; 500 g Bauchfleisch; 500 g Kasselernacken; 40 g Fett; 40 g Mehl; Salz; Pfeffer.

Steckrübe schälen, waschen und erst in Scheiben, dann in Stifte schneiden.

Das Fleisch etwa 60 Minuten in Salzwasser garen. Die Rübenstifte dazugeben und 30 Minuten weiter köcheln.

Mehl in Fett hell anschwitzen, mit der Fleischbrühe ablöschen und gut durchkochen, abschmecken.

Das Gemüse und das Fleisch dazugeben.

Mit Salzkartoffeln und dem in dünne Scheiben geschnittenen Fleisch servieren.

Bauernfrühstück

1 kg festkochende Kartoffeln; 2 Zwiebeln; Salz, 4 EL Butterschmalz; 6 Eier; 1 EL Milch; 250 g geräucherter Schinken; weißer Pfeffer und Salz; 4 Gewürzgurken; 1 Bund Schnittlauch.

Die Kartoffeln mit Schale in Salzwasser 20–30 Minuten garen, dann pellen und in Scheiben schneiden. Das Butterschmalz in einer großen Pfanne erhitzen. Die Kartoffeln darin von beiden Seiten knusprig braten. Gewürfelte Zwiebeln zufügen und kurz mitbraten.
Kräftig salzen und pfeffern.
Die Eier und Milch verquirlen, danach gleichmäßig über die Kartoffelmasse gießen und 5–10 Minuten bei mittlerer Hitze stocken lassen. Schinken in kleine Würfel schneiden. Gurken fächerartig einschneiden.

Bauernfrühstück mit Schinkenwürfel und Schnittlauchröllchen garnieren.

Mädchenröte

½ l roter Johannisbeersaft; 400 g Zucker; 5 Eiweiß; 12 Blatt Gelatine; einige Beeren zur Garnitur.

Die Gelatine etwa 5 Minuten in kaltem Wasser einweichen. Das Eiweiß in einer Schüssel schlagen, während des Rührens abwechselnd Zucker und Saft (etwa 1 halbe Tasse zurückhalten) portionsweise zufügen. Ausgedrückte Gelatine mit dem Rest des Saftes in einem Topf erwärmen. Dann wird die aufgelöste Gelatine in die Schaummasse gegeben. Mit einem Rührstab gut schlagen und in eine vorgekühlte Glasschale füllen.

Die Mädchenröte bis zum Verzehr für mindestens 1 Stunde abgedeckt kalt stellen.

Dazu wird gekühlte Vanillesauce gereicht.

Rote Grütze

Je 250 g Johannisbeeren; Himbeeren und Sauerkirschen; ½ l schwarzer oder roter Johannisbeersaft; Schale von 1 Zitrone; 100–150 g Zucker; 4 gehäufte EL Speisestärke (50 g); 2 EL Mandelstifte; 250 g Schlagsahne.

Die Früchte waschen und abtropfen lassen. Die Johannisbeeren von den Rispen streifen, Kirschen entstielen und entsteinen. Johannisbeeren, Himbeeren, Saft, Zitronenschale und Zucker aufkochen.
Zugedeckt etwa 5 Minuten köcheln lassen.

Die Kirschen zugeben. Etwa 3 Minuten köcheln lassen.

Stärke mit wenig kaltem Wasser anrühren, einrühren und aufkochen. Die Grütze evtl. nochmals mit Zucker abschmecken. Auskühlen lassen.

Mandeln ohne Fett rösten. Rote Grütze anrichten und mit Mandeln bestreuen.

Dazu sehr steif geschlagene Schlagsahne servieren.

ie Rhino-Westentaschen-Bibliothek

rühjahr 2024

RHINOVERLAG